BEI GRIN MACHT SICH IHR WISSEN BEZAHLT

- Wir veröffentlichen Ihre Hausarbeit, Bachelor- und Masterarbeit

- Ihr eigenes eBook und Buch - weltweit in allen wichtigen Shops

- Verdienen Sie an jedem Verkauf

Jetzt bei www.GRIN.com hochladen und kostenlos publizieren

Kommunikation und Führung. Arbeit im "virtuellen" Team, Kommunikationsmodelle und Workshopplanung

Bibliografische Information der Deutschen Nationalbibliothek:

Die Deutsche Nationalbibliothek verzeichnet diese Publikation in der Deutschen Nationalbibliografie; detaillierte bibliografische Daten sind im Internet über http://dnb.d-nb.de abrufbar.

ISBN: 9783346855466
Dieses Buch ist auch als E-Book erhältlich.

Druck und Bindung: Books on Demand GmbH, Norderstedt Germany
Gedruckt auf säurefreiem Papier aus verantwortungsvollen Quellen

Das vorliegende Werk wurde sorgfältig erarbeitet. Dennoch übernehmen Autoren und Verlag für die Richtigkeit von Angaben, Hinweisen, Links und Ratschlägen sowie eventuelle Druckfehler keine Haftung.

Das Buch bei GRIN: https://www.grin.com/document/1348753

Einsendeaufgabe

Kommunikation und Führung

Alternative A

Abgegeben am 29.10.2020
SRH FernHochschule Riedlingen

Studiengang Betriebswirtschaft und Management

Abbildungsverzeichnis

Tabellenverzeichnis

A1

Erklären Sie, warum virtuelle Teams in Unternehmen immer wichtiger werden und wie Teamleiter helfen können, persönliche Verbindungen zwischen den Teammitgliedern zu unterstützen. Vergleichen Sie auch die Leitung eines "virtuellen" und eines "normalen" Teams. (Formulierung der Aufgabe aus urheberrechtlichen Gründen durch die Redaktion geändert)

1.Bedeutung virtueller Teams

Die Zeiten, in denen Teams nur dann an einem Strang ziehen konnten, wenn sie gemeinsam in einem Büro saßen, sind vorbei: Ein Großteil aller Beschäftigten arbeitet mittlerweile regelmäßig mit Menschen zusammen, die sich an einem anderen Standort befinden. Häufig müssen sogar unterschiedliche Zeitzonen überbrückt werden. Virtuelle Teams sind in der Arbeitswelt mittlerweile fest etabliert, denn sie sind die Antworten auf den Wandel der Wettbewerbsbedingungen. Die zunehmende Vernetzung und Verbreitung neuer Informations- und Kommunikationstechnologien haben die Möglichkeiten der globalen Zusammenarbeit erweitert, aber gleichzeitig verändern sich auch die Ansprüche der Märkte. Diese Entwicklung stellt sowohl die einzelnen Teammitglieder als auch ihre Führungskräfte vor enorme Herausforderungen. Nun ist das Management aufgefordert, durch die Schaffung von multikulturellen, internationalen Projektteams die über die neuen Medien miteinander kommunizieren, in einem globalen Umfeld erfolgreich zu sein.[1]

Vor allem im produzierenden Gewerbe, das durch die Globalisierung angetrieben wurde, herrscht ein hoher Konkurrenzdruck und sorgt dafür, dass Unternehmen sich intern neu organisieren und auf Ressourcen aus dem Ausland zurückgreifen müssen. Außerdem wirkt sich die Globalisierung neben den Produktionswegen, die weltweit durch verschiedene Standorte führen, auch stark auf den Absatzmarkt aus.

---

[1] Vgl. Kühne, A. (2011), S. 1.

Für Unternehmen ist es leichter, aber auch notwendig geworden, ihre Produkte überregional und/oder sogar international zu verkaufen, weshalb auf virtuelle Teams langfristig überhaupt nicht mehr verzichtet werden kann.[2] Die Arbeit in virtuellen Teams eröffnet viele neue Möglichkeiten, von denen nicht nur die Mitarbeiter, sondern auch die Unternehmen selbst profitieren können. Allen voran die Tatsache, dass es nicht mehr notwendig ist, alle Beteiligten gemeinsam in einem Raum zu haben, um die besten Ergebnisse zu erzielen.[3] Eingesetzt werden sie nicht nur im internationalen Rahmen, sondern auch zur internen Verbesserung des Informationsaustauschs. Durch die Nutzung von Highspeed-Internet, Telefon- oder Videokonferenz, sind abteilungsübergreifende Projektarbeiten einfacher geworden und es kann jeder Mitarbeiter weltweit zu jeder Zeit direkt erreicht werden. Die Anwendungsgebiete von virtuellen Teams sind äußerst vielfältig, weshalb die Bedeutung in Unternehmen stetig zunimmt. Vorteile virtueller Teams sind z.B.:

- die Teamzusammensetzung muss sich nicht an der räumlichen Verfügbarkeit der Mitglieder orientieren, sondern an deren fachlichen Qualifikation
- regional verfügbares Spezial- und Expertenwissen kann einfließen, was auch auf eine zeitlich begrenzte Mitarbeit zutrifft. Zudem wird der „kulturelle Horizont" eines Teams durch den Einbezug von Mitarbeitern unterschiedlicher Regionen, Länder, Berufsgruppen etc. wesentlich vergrößert, was sich positiv auf Sensitivität, Flexibilität und Kreativität des Teams auswirkt
- Projektbezogene Kommunikation kann sehr schnell und ohne maßgebliche Verzögerung stattfinden und ergibt somit eine deutliche Zeitersparnis gegenüber den Mitbewerbern
- es entsteht eine deutliche Kostenersparnis
- Informations- und Kommunikationsmedien ermöglichen eine schnellere und direktere Informationsweitergabe, was zu einer maximalen Informationsversorgung führt
- Hierarchieebenen können übersprungen werden, was eine verbesserte horizontale Integration der Gruppe in der Abteilung zur Folge hat

---

[2] Vgl. Köppel, P. (2007), S. 2.
[3] Vgl. Warketin, N. (2020).

- die Arbeitsmotivation der Mitarbeiter steigt als Folge der flexibleren Arbeitszeiten und erweiterten Handlungs- und Entscheidungsspielräumen
- schnelleres und flexibleres Reagieren auf Marktveränderungen ist möglich
- die Variabilität des Arbeitsortes erlaubt eine effizientere Rekrutierung von Mitarbeitern, da auch eine Akquisition von überregionalen Mitarbeitern mit eingeschränkter Mobilität ermöglicht wird.[4]

2. Aufbau persönlicher Beziehungen

Da es für Führungskräfte oft schwierig ist die Kontrolle abgeben zu müssen, bringen virtuelle Teams nicht nur für die einzelnen Mitglieder, sondern auch für Sie besondere Herausforderungen mit sich. Sie müssen darauf vertrauen, dass die Mitarbeiter ihre Arbeit, die innerhalb einer bestimmten Zeit erwartet wird, erledigen. Eine weitere Herausforderung ist die Schaffung von persönlichen Beziehungen zwischen den Teammitgliedern.

Da sie räumlich voneinander getrennt sind, läuft die Kommunikation größtenteils über die neuen Medien und erschwert damit den Aufbau vertrauensvoller Beziehungen. Kulturelle Unterschiede führen leicht zu Missverständnissen und zu unterschiedlichen Interpretationen der Aufgaben und Rollen. Damit die Führung virtueller Teams gelingt, braucht es eine gute Vorbereitung des Teamstarts und die Führungskräfte sollten versuchen die Teilnehmer, sofern die Entfernungen nicht zu weit sind, zu Beginn des Projekts persönlich zusammenzubringen. Dazu eignet sich ein sogenanntes Kick-Off-Meeting. Dies fördert neben dem Informationsaustausch auch die Motivation der Teammitglieder.[5] Das Ziel des Kennenlernens ist das Teambuildlng, also der Aufbau vertrauensvoller Beziehungen. Vertrauen entsteht leichter, wenn sich die Teammitglieder persönlich sehen, sozial interagieren und eine Grundsympathie entwickeln, deshalb sollte die Zeit intensiv genutzt werden. Dem Team wird hier auch das bevorstehende Projekt und die Rollen und Aufgaben der einzelnen Teammitgliedern erläutert, die Projektziele erklärt, sowie die wichtigsten Deadlines benannt.

---

[4] Vgl. Konradt, U., Hertel, G. (2002), S.33.
[5] Vgl. Dr. Müller, E. B. (2019)

Die Führungskraft sollte hier eine übergeordnete Identität schaffen und den Teammitgliedern menschlich, respektvoll und durch eine offene, transparente Kommunikation, das Ziel, die Mission, das Verständnis und die Gemeinsamkeiten verankern, von denen alle zusammen profitieren.[6]

Wenn das Kick-off-Meeting beendet ist, beginnt für Führungskräfte der Alltag der virtuellen Teamführung. Der Teamleiter sollte darauf achten, dass die Teammitglieder regelmäßig miteinander in Kontakt stehen, damit das Erarbeitete umgesetzt, gefestigt und das Team engagiert, leistungsstark und erfolgreich gehalten werden kann.[7] Denn erst die Kommunikation macht die Personen, die zu einer gemeinsamen Arbeit zugeteilt worden sind, zu einem sozialen System und damit letztlich zu einem Team.[8]

Zu jeder Teamarbeit gehören aber auch Konflikte, die sich oft nicht vermeiden lassen und eine effektive Zusammenarbeit oder Kommunikation behindern. Ein Konflikt liegt dann vor, wenn Interessen, Zielsetzungen oder Wertvorstellungen von Personen oder Gruppen miteinander unvereinbar sind, diese Konfliktparteien dann aufeinandertreffen und sich auf eine Lösung einigen müssen.[9] Durch die Distanz in virtuellen Teams und das daraus resultierende oft fehlende Vertrauen in einzelne Teammitglieder, können Konflikte begünstigt werden. In Projekten können unterschiedliche Arten von Konflikten auftreten.

Sachkonflikte: hier geht es um Meinungsverschiedenheiten in der Sache, die auf unterschiedliche Kenntnisse, Erfahrungen, Vorlieben und Sichtweisen zurückgehen.

Kompetenzkonflikte: Ursachen für diese Konflikte sind persönliche Interessen, der Kampf um Macht- und Einfluss und um Karriereziele.

Verteilungskonflikte: Bei Verteilungskonflikten geht es um die als ungerecht empfundene Verteilung von Aufgaben und Ressourcen sowie von Vergünstigungen. Jemand hat Sorge, zu kurz zu kommen.

Beziehungskonflikte: Ursachen für Beziehungskonflikte sind Antipathie und persönliche Vorurteile zwischen den Teammitgliedern. Verschiedene Temperamente, Arbeitsstile oder Verhaltensweisen können nerven. Beziehungskonflikte sind äußerlich erkennbar durch Art und Ton der Wortwahl.

---

[6] Vgl. Kasper, B. (2019)
[7] Vgl. Dr. Müller, E. B. (2019)
[8] Vgl. Grimm, R., Krainz, E. (2011), S. 10.
[9] Vgl. (o. V.).

Sie gehen meist mit starken Emotionen einher und sind für die Beteiligten sehr belastend.[10] Die Mitglieder virtueller Teams sind oft zusätzlichen Problematiken ausgesetzt.

Die geographische Distanz hat einen starken Einfluss auf den Tagesablauf der Mitarbeiter, verschiedene Technologieausstattungen können Ungleichheiten verursachen und die kulturellen Unterschiede beeinflussen in hohem Maße die Erwartungen und die Prozessabläufe. Sind keine non-verbalen Elemente in der Kommunikation vorhanden, kann dies leicht zu Missverständnissen führen. Darüber hinaus wird die Verankerung gemeinsamer Ziele erschwert und folglich leiden Kommunikation und Informationsaustausch darunter.[11] Als Leitung eines virtuellen Teams stehen einem oft nur beschränkte Möglichkeiten zur Konfliktlösung zur Verfügung. Zudem ist es oftmals schwer Konflikte frühzeitig zu erkennen. Da diese aber in der Regel sehr belastend sind, sollte, um einen reibungslosen Arbeitsablauf zu garantieren, immer nach einer Lösung gesucht werden. Dies ist nicht immer ganz einfach, doch wenn man nachfolgende Schritte befolgt, kann man als Führungskraft den Mitarbeitern dabei helfen eine Lösung für ihren Konflikt zu finden.[12]

- **Identifikation:** Um überhaupt eine Lösung finden zu können, muss der Konflikt zunächst identifiziert werden. Als Teamleiter sollte man den Konflikt im Einzelgespräch mit den Mitgliedern diskutieren und diese nicht vor anderen bloßstellen.
- **Orientierung:** Im nächsten Schritt ist es die Aufgabe herauszufinden, welche Partei welcher Ansicht ist. Dies ist wichtig, um den Kern und das Ausmaß des Konflikts zu verstehen. Denn dieser entsteht meist nur, weil verschiedene Ansichten aufeinanderprallen.
- **Hintergrund:** Da nun der Konflikt als solcher identifiziert und verstanden wurde, ist es wichtig zu klären, warum die jeweilige Partei ihren Standpunkt vertritt. Welche Ziele verfolgen die Beteiligten damit?
- **Lösungsoptionen:** In diesem Schritt müssen gemeinsam mit den Beteiligten Lösungsoptionen erarbeitet werden.
- **Lösungsweg:** Da nun verschiedene Optionen erarbeitet wurden, wählt man aus diesen den besten Weg aus, um den Konflikt zu lösen.

---

[10] Vgl. (o. V.).
[11] Vgl. Tipaola, S. (2016).
[12] Vgl. Dipl.-Ing. Müller, H.

Wer Konflikte im Team früh erkennt, hat gute Chancen für Weiterentwicklung und Innovation. Denn wenn wir mit ihnen kompetent umgehen, sind sie die Quellen für den Erfolg.[13]

3. Unterschiede und Gemeinsamkeiten normaler und virtueller Teams

Nachfolgend werden in einer stichpunktartigen Gegenüberstellung die Unterschiede bzw. Gemeinsamkeiten von „normalen Teams", die sich persönlich kennen und regelmäßig zusammenkommen, und virtuellen Teams, die räumlich oft weit voneinander getrennt sind und über Internet oder Telefon miteinander kommunizieren, sowie die Unterschiede und Gemeinsamkeiten der Führung „normaler" und „virtueller" Teams dargestellt.

Unterschiede und Gemeinsamkeiten „normaler" und „virtueller Teams"

Normale Teams	Virtuelle Teams
- die Mitglieder sind an einem Standort lokalisiert und können Meetings zu den Kernarbeitszeiten abhalten - Persönlicher Kontakt, hier kann Vertrauen aufgebaut werden und Konflikte können frühzeitig erkannt werden - Die Kommunikation erfolgt über persönliche Gespräche und gemeinsame Meetings - Mitglieder stammen aus demselben Kulturkreis und können auf gemeinsame Werte und Normen zurückgreifen	- **Geographische und temporale Distanz:** die Mitglieder verteilen sich über mehrere Standorte, wobei es zu Zeitverschiebungen kommt und deshalb Konferenzen oftmals außerhalb der normalen Arbeitszeit stattfinden müssen - **Räumliche Distanz:** dies kann zu Missverständnissen, fehlendem Vertrauen und Teamgeist führen

---

[13] Vgl. Dipl.-Ing. Müller, H.

- hier findet die Kommunikation durch persönliche face-to-face Interaktion statt - hier sind die „klassischen" Fach-, Führungs-, Sozial- oder Persönlichkeitskompetenzen gefragt	- **Kommunikation:** die Kommunikation läuft ausschließlich über die modernen Informations- und Kommunikationstechnologien - **Kulturelle Diversität:** Die kulturellen Hintergründe der Teammitglieder können sich in unterschiedlichen Wertevorstellungen, Normen und Einstellungen manifestieren. Relevant ist hierbei aber auch die im Team verwendete Kommunikationssprache. - **Mediengestützte Kommunikation:** Der Einsatz von Informations- und Kommunikationstechnologien erfolgt, um die Kommunikation der örtlich getrennten Teammitglieder überhaupt zu ermöglichen - **Kompetenzen:** Über die Kernkompetenzen hinaus sind weitere, wie der Umgang mit modernen Medien, Diversity und Kommunikation gefragt.[14]

---

[14] Vgl. Zinnhobler, A. (2017), S. 22.

Unterschiede und Gemeinsamkeiten der Führung „normaler" und „virtueller Teams"

Normale Teams	Virtuelle Teams
- Effizienz und Optimierung haben Vorrang. - Mitarbeiterziele und Leistungsbewertungen werden individuell definiert. - Informationen werden diskontinuierlich verteilt. - Führungskräfte delegieren und kontrollieren. - Derjenige, der die formale Macht hat, trifft die Entscheidungen.	- ist auf Innovation und Wachstum fokussiert, was auch die Bereitschaft zur Veränderung und das eigenverantwortliche Handeln fördert. - Das Team, seine Leistungsfähigkeit, sowie gemeinsame Ziele stehen im Vordergrund. Es gibt einen steten Austausch zwischen Mitarbeitern und Führungskräften. - Der Zugang zu Informationen wird in einem großen Rahmen zur Verfügung gestellt und ist relativ einfach gestaltet. - Führungskräfte übergeben die Entscheidungen und die nächsten Handlungsschritte dem Team. - Es gibt keine Hierarchien. Führungskräfte handeln innerhalb verbindlicher, sowie überprüfbarer Prozesse und Prinzipien.[15]

---

[15] Vgl. Meise, S. (2017)

A 2

Erläutern Sie anhand mindestens eines Kommunikationsmodells, wie Sie mit Streit unter den Mitarbeitern in Ihrer Abteilung umgehen und wie Sie die Situation klären. (Aufgabenstellung durch die Redaktion wegen urheberrechtlicher Bedenken umformuliert)

1.Transaktionsanalyse

Im beruflichen Alltag können bestimmte Kommunikationsmuster schnell zu Missverständnissen und in der Folge zu Auseinandersetzungen zwischen Kollegen führen. Bei der Transaktionsanalyse, die Mitte der 50er-Jahre von dem amerikanischen Psychologen Eric Berne entwickelt wurde und die bis heute weiterentwickelt wird, werden zwischenmenschliche Beziehungen (Transaktionen), also jede Form des Miteinanders wie Kommunikation und Verhalten, analysiert. Es ist das Ziel der Transaktionsanalyse es den Menschen zu ermöglichen, ihre Wahrnehmung zu überdenken, zu ergründen und gegebenenfalls zu ändern. Durch die Transaktionsanalyse wird eine Theorie zur Persönlichkeit gegeben und wie sich Menschen in bestimmten Zusammenhängen verhalten. In ihr fließen Erkenntnisse aus der Persönlichkeitsanalyse, der Beziehungsanalyse und der Gruppendynamik mit ein.

All das trägt maßgeblich dazu bei, Kommunikationsstörungen auf den Grund zu gehen und Konflikte zu begreifen und zu lösen.[16]

2. Die drei Instanzen

Unsere Persönlichkeit besteht nach Bernes Überzeugung aus drei Ich-Zuständen. Der jeweilige Ich-Zustand, in dem sich eine Person befindet, wird durch die Wiedergabe von Informationen aus der Vergangenheit herbeigeführt.

---

[16] Vgl. Rassek, A. (2017).

Berne fand heraus, dass wir während der Kommunikation mit anderen, zwischen verschiedenen Gefühlslagen wechseln. Dies wird durch die Mimik, die Gestik, die Wortwahl oder anhand des Tonfalls, in dem gesprochen wird, sichtbar. Jeder Mensch kann während seiner alltäglichen Transaktionen in einen dieser Zustände versetzt werden". Die drei verschiedenen Seinsweisen werden als Eltern-Ich, Erwachsenen-Ich und Kindheits-Ich bezeichnet.[17]

Das Eltern-Ich

Das Eltern-Ich beinhaltet alles was wir im Laufe unserer Entwicklung von Autoritätspersonen wie z.B. den Eltern, Verwandten, etc. gelernt und kritiklos übernommen haben und spiegelt somit das gelernte Lebenskonzept wieder. Vor allem in den ersten Lebensjahren prägt uns dies nachhaltig. Im Eltern-Ich sind unter anderem Normen, Wert- und Moralvorstellungen sowie Ge- und Verbote verankert. Dabei wird zwischen dem kritischen Eltern-Ich und dem fürsorglichen Eltern-Ich unterschieden.[18]

Das Erwachsenen-Ich

Die Voraussetzung für diesen Zustand ist eine sachliche, wohlüberlegte und respektvolle Kommunikation unter erwachsenen Menschen. Es zeichnet sich darin aus, dass es Informationen sammelt und kritisch verarbeitet, indem es Wahrscheinlichkeiten abschätzt und bewusste Entscheidungen trifft. Diese wiederum werden auf der Grundlage von überprüften Informationen aus allen drei Ich-Zuständen getroffen. In der Kommunikation mit anderen Menschen zeigt sich das Erwachsenen-Ich durch aufmerksames Zuhören und reflektiertes Reden. Es verkörpert das gedachte Lebenskonzept.[19]

Das Kind-Ich

Im Kindheits-Ich sind Eindrücke, Gefühle, Wünsche und Bedürfnisse enthalten und bildet somit das gefühlte Lebenskonzept. Gemessen am Alter des Kindes ist Berne zufolge in den ersten fünf Lebensjahren das Gefühl der Hilflosigkeit dominant.

---

[17] Vgl. Bröckermann, R. (2014), S. 375.
[18] Vgl. Rassek, A. (2017).
[19] Vgl. Rassek, A. (2017).

Wenn sich jemand spontan und ohne auf Konsequenzen achtend, albern, rebellisch oder auch trotzig verhält, oder wenn jemand phantasievoll, kreativ und neugierig an die Arbeit herangeht, lässt sich der Zustand des Kind-Ichs beobachten.

In der Kommunikation untereinander nehmen wir häufig nicht wahr, in welchem Zustand wir uns befinden, das heißt, das Verhalten läuft unbewusst ab.[20]

3. Grundmuster von Transaktionen

Die nachfolgenden Konstellationen sind möglich, wenn im Umgang miteinander unterschiedliche Kombinationen von Persönlichkeitszuständen, die sehr unterschiedliche Kombinationen erzeugen, aufeinandertreffen.

Die **parallele** oder **komplementäre** Transaktion ist die positivste Transaktion. Bei ihr reagiert das Gegenüber aus dem angesprochenen Ich-Zustand und spricht auch wieder den ursprünglichen Ich-Zustand an. „Man ist sozusagen auf gleicher Wellenlänge".[21] Der Verlauf der Kommunikation bleibt somit vorhersehbar.

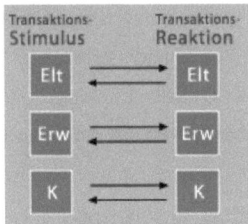

Die parallele oder komplementäre Transaktion.[22]

Bei einer **gekreuzten Transaktion** reagiert der Empfänger nicht aus dem angesprochenen Ich-Zustand. Die Kommunikation wird gestört und kurzzeitig unterbrochen. Diese gekreuzte Transaktion mündet oft in einer Kommunikationsstörung, was im Führungsalltag wiederum viele Konflikte hervorruft.

---

[20] Vgl. Rassek, A. (2017).
[21] Wörtliche Übernahme aus http://www.germanistik-kommprojekt.uni oldenburg.de/sites/1/1_09.htm.
[22] Vgl. (o. V.)

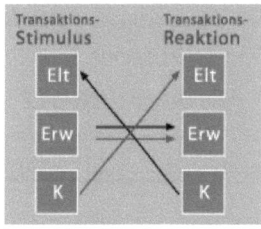

Die gekreuzte Transaktion.[23]

Die **verdeckte Transaktion** wird auch als doppelte Transaktion bezeichnet, denn sie verläuft gleichzeitig auf einer offenen und auf einer verborgenen Ebene. Häufig verläuft die offene Botschaft vermeintlich von Erwachsenen-Ich-Zustand zu Erwachsenen-Ich-Zustand. Um die verdeckte Botschaft wahrzunehmen, brauchen wir in der Regel zusätzlich Tonfall, Stimmlage, Mimik, Gestik.[24]

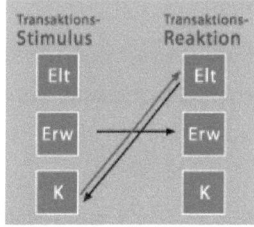

Die verdeckte Transaktion.[25]

Weil man lernt den eigenen Ich-Zustand und den des Kommunikationspartners zu erkennen, kann man durch die Kenntnisse der Transaktionsanalyse verhindern, sich selbst unangemessen zu verhalten.

4. Konfliktlösung

Eine Menge von Konflikten entstehen, weil wir das Verhalten unserer Kollegen oder Mitmenschen oft zu vorschnell negativ bewerten und verstehen und in Sachen Kommunikation oft unangemessen reagieren.

---

[23] Vgl. (o. V.)
[24] Vgl. Eric Berne Institut Zürich GmbH.
[25] Vgl. (o. V.)

Um diese Spannungen zu vermeiden oder sie rasch zu lösen ist es eine Herausforderung für die Führungskräfte, diese Ich-Zustände im Führungsalltag zu erkennen und immer wieder zu versuchen, im Erwachsenen-Ich zu bleiben bzw. dorthin zu kommen. „Die wichtigste Stellschraube für den Erfolg bei einer Konfliktbewältigung ist daher die innere Haltung und Denkweise der Führungskraft".[26]

Um als Führungskraft das oben genannte Problem im Zuge der Transaktionsanalyse zu bewältigen, gehe ich zunächst davon aus, dass ich mich selbst und mein Gegenüber (die Mitarbeiterin, die Kontakte meidet) in aller Unterschiedlichkeit akzeptiere. Dieser Zustand wird als „Ich bin Okay – du bist Okay"-Haltung beschrieben. Damit Lösungen und Veränderungen möglich werden, ist es mein Ziel, Gespräche zu führen und mich auf mein Gegenüber einzulassen.

Damit ein Gespräch nicht eskaliert, sondern alle Parteien zufrieden aus einem Gespräch herausgehen können, ist es für mich als Führungskraft wichtig, sich an verschiedene Regeln der Kommunikation zu halten und dafür abgestimmte Kommunikationsinstrumente einzusetzen.

Für ein erfolgreiches Kritikgespräch sollte zunächst mit der Vorbereitung und der Identifizierung des Problems begonnen werden. Beim Mitarbeiter sollte daraufhin Verständnis und Einsicht für das jeweilige Problem geschaffen werden und anschließend sollte eine Problemlösung erfolgen, indem ich, als Führungskraft, zusammen mit dem Mitarbeiter nach Möglichkeiten für die Lösung des Problems suche.[27]

Zu einer erfolgreichen Gesprächssteuerung gehören außerdem auch kommunikationstechnische Grundlagen. Wirkungsvoll zeigen sich vor allem die Thematik der Fragetechnik und der daraus entstehende Wirkung in Kritikgesprächen.[28] Die Fähigkeit, die richtigen Fragen zum richtigen Zeitpunkt zu stellen trägt ebenfalls zu einer erfolgreichen Problemlösung bei. Dadurch eröffnet der Vorgesetzte, in diesem Fall ich, die gleichwertige Diskussion und den Problemlösungsprozess.

---

[26] Wörtliche Übernahme aus Gührs, M., Nowak, C. (2014), Das konstruktive Gespräch. Der Leitfaden für Beratung, Unterricht und Mitarbeiterführung mit Konzepten der Transaktionsanalyse, S. 54.
[27] Vgl. Humle, S. (1998), S. 25.
[28] Vgl. Schulz von Thun, F. (2013), S. 57.

Um erfolgreich mit der Lösung eines Konflikts umzugehen, muss eine Führungskraft außerdem verschiedene Kompetenzen besitzen. Hier sind ein gewisses Einfühlungsvermögen und die Fähigkeit, sich in seinen Gesprächspartner hineinzuversetzen besonders wichtig. Als Führungskraft muss ich zusätzlich den Mut besitzen kritische Themen anzusprechen und offene Aussagen über das Problem zu machen.

A 3

Sie moderieren den ersten Workshop zu einem neuen Qualitätsmanagementsystem für ihr Unternehmen. Erklären Sie die Rolle des Moderators, ihre Vorbereitungen und das inhaltliche, zeitliche und methodische Workshopkonzept. (Formulierung von der Redaktion aus urheberrechtlichen Bedenken geändert.)

1. Workshop

Dieser Workshop soll eine Übersicht über die Qualitätsmanagementsysteme geben und die verschiedenen Bereiche der Produktqualität, Prozessqualität und der Systemqualität umfassen. Wenn das Qualitätsmanagement richtig angewandt wird, hat es den positiven Effekt, das Unternehmen zu stärken und weiteres Wachstum zu ermöglichen.[29]

In diesem Workshop sollen folgende Bausteine des Qualitätsmanagements angesprochen werden:

- Personal-, Mess-, Prüf-, und Arbeitsmittel, die für Aufgaben des Qualitätsmanagements erforderlich sind.
- Informationssysteme zur Verarbeitung relevanter Daten
- Qualitätsrelevante Methoden und Techniken
- Qualitätsrelevante Tätigkeiten und Verantwortlichkeiten
- Qualitätsrelevante Stellen in der Organisationskultur
- Absichten und Ziele der Unternehmensleitung in Hinblick auf Qualität

1.1 Konzept Workshop

Ein Workshop findet in der Regel in einem kleinen Teilnehmerkreis statt. Die Teilnehmer bilden eine Form von Arbeitsgemeinschaften, in denen das Wissen und die Fähigkeiten gemeinsam erarbeitet werden.[30]

---

[29] Vgl. Dipl.-Wirtsch.-Ing. Wernert, M. (2019).
[30] Vgl. Ing. Heidenberger, B.

Da die Teilnehmer inhaltliche Beiträge mit einbringen, gehört es zunächst zu meinen Aufgaben als Moderator mich inhaltlich gründlich mit dem Thema des Workshops auseinanderzusetzen und mir einen Überblick über folgende Punkte zu verschaffen:

- Teilnehmerkreis: Wer nimmt Teil? Kennen sich die Teilnehmer?
- Zielsetzung: Worum geht es? Was soll erreicht werden
- Zeitrahmen: Wie viel Zeit steht mir zur Verfügung?

Auf mich, als Moderator kommt eine äußerst wichtige Rolle für die Erreichung der Ziele des Workshops zu. Ich habe die Verantwortung für den zeitlichen und strukturellen Ablauf, sowie für die Dokumentation der Ergebnisse. Außerdem kann ich durch gezielte Fragestellungen die Gruppe bei der Erarbeitung der Ergebnisse unterstützen und dafür sorgen, dass der rote Faden im Meinungsaustausch erhalten bleibt. Zu meinen Aufgaben als Moderator zählen:

- die Definition des Workshop-Ziels
- die Gestaltung des Gesprächsverlaufs
- die Organisatorische Vorbereitung
- Diskussionen zu leiten, aber nicht zu führen
- die Teilnehmer aktivieren und motivieren
- zwischen den Teilnehmern zu vermitteln und
- die Ergebnisse zu dokumentieren.[31]

1.2 Vorbereitung

Zur Vorbereitung gehört zunächst die genaue Klärung und Definition der Ziele des Workshops und danach gestalte ich den Ablauf der Moderation in allen Einzelheiten. Die teilnehmenden Personen werden in Abhängigkeit zum Workshopziel ausgewählt und es wird ihnen eine Einladung aus der der Anlass, der Termin, das Ziel, die Dauer und der Veranstaltungsort ersichtlich ist, zugesendet.

---

[31] Vgl. Schwerz, G. (2019).

Hilfreich ist es außerdem, mich als Leiter vor Beginn des Workshops mit den Beteiligten und ihren Tätigkeiten auseinanderzusetzen, um einen besseren Bezug zu ihrer alltäglicher Arbeit und zu ihrer Rolle im Unternehmen herstellen zu können. Es sollte ein ausreichend großer Raum zur Verfügung stehen und ich sollte auch die notwendigen Materialien wie z.b. Pinnwand, Flipchart, Beamer, Stifte usw. vorab organisieren.

1.3 Durchführung

Um die Workshopziele zu erreichen, sollte eine offene Arbeitsatmosphäre geschaffen werden, die durch die Einhaltung vereinbarter Verhaltensregeln geprägt ist.

Meine Moderation besteht dann aus verschiedenen aufeinanderfolgenden Phasen.

Die Einführung: Begrüßung, Thema, Organisatorisches, Kennenlernen

Sammeln: Themenspeicher, Unterthemen

Festlegen: Priorisieren, zielgerichtete Fragestellung,

Bearbeiten: Lösungen finden, Entscheidungen vorbereiten, Beschlüsse fassen

Maßnahmen planen: Aktionsplan erstellen, Aktivitäten zeitlich konkretisieren

Abschließen: Feedback, offene Fragen, Folgetermine, Verabschiedung[32]

Bei der Einführung wird die Basis für die Arbeitsatmosphäre geschaffen und sollte dementsprechend genügend Zeit einnehmen. Zum Aufwärmen und Kennenlernen gibt es verschiedene Möglichkeiten.

Für die Sammelphase ist das Brainstorming, bei dem alle Teammitglieder ihre Ideen einbringen, eine sinnvolle Methode.

Beim anschließenden filtern der Vorschläge und Ideen, werden am besten übergeordnete Kategorien gebildet und die gesammelten Vorschläge dann zugeordnet. Mit der Bearbeitungsphase beginnt nun die eigentliche Arbeitsphase. Hier werden Vor- und Nachteile erarbeitet, Lösungen gefunden und Entscheidungen vorbereitet. Meine Aufgabe als Moderator ist es hierbei, die Diskussion zu leiten, auf die Mitarbeiter einzugehen und weiterführende Fragen oder Thesen einzubringen.

---

[32] Vgl. Dr. Setzwein, M. (2016).

Im nächsten Schritt werden die Ergebnisse gesammelt und in einem Aktionsplan festgelegt, welche Maßnahmen bis wann erfolgt sein sollen, wer die Aktion ausführt und wie die Kontrolle erfolgt.

Im Anschluss sollte für noch offene oder nicht beantwortete Fragen ein Folgetermin vereinbart werden und ein kurzes Feedback erfolgen.[33]
Danach erfolgt die Verabschiedung.

2.Qualitätsmanagementsystem

Das Wort Qualität beschreibt die Beschaffenheit, die Güte oder den Wert eines Objekts. Qualität wird in direkten Zusammenhang mit der Zufriedenheit des Kunden gebracht. Um wettbewerbsfähig zu bleiben gibt es neben der Produktqualität noch weitere Bereiche in einem Unternehmen, die von hoher Qualität zeugen müssen.[34] Grundvoraussetzung ist die Qualität der Mitarbeiter. Hinzu kommt die Prozessqualität und die Systemqualität die eine Grundlage für Kundenzufriedenheit und Geschäftserfolg bilden. Außerdem sollte Qualität gewisse Mindestansprüche erfüllen, wobei bei der Einsetzung eines Qualitätsmanagementsystems die Orientierung an der international genormten Zertifizierung ISO 9001 helfen kann. Diese Zertifizierung wird durch den TÜV vergeben und legt die Mindestanforderungen an ein Qualitätsmanagementsystem fest, die ein Unternehmen erfüllen muss, um die Kundenanforderungen sowie Anforderungen an die Produkt- und Dienstleistungsqualität zu erfüllen.[35]

[33] Vgl. Dr. Setzwein, M. (2016).
[34] Vgl. Reifenbeck, A. (2011). S. 5.
[35] Vgl. Reifenbeck, A. (2011). S. 20.

2.1 Produkt- und Servicequalität

Unter Produktqualität wird die Gesamtheit der Produkteigenschaften, die die Eignung für den jeweils beabsichtigten Einsatzzweck ausmachen verstanden, wie z.b. die Funktionstüchtigkeit, die Lebensdauer oder die Wirtschaftlichkeit. „Servicequalität steht für die Güte der Dienstleistungen die ein Unternehmen im Zusammenhang mit dem Geschäftsabschluss anbietet". Beides zusammen beeinflusst die Kundenzufriedenheit, die Wiederkaufs- und Empfehlungsneigung und erhöht die Umsätze, die Gewinne und letztlich den Geschäftserfolg.[36] Da viele Kunden Produkte nach einem Preis-Leistungsverhältnis bewerten, ist die zentrale Frage des Qualitätsmanagements: Entspricht die Leistung, also das Produkt, den Anforderungen und den Erwartungen des Kunden. Die Produktqualität ist ein wichtiger Faktor um zuverlässig eine hohe Ergebnisqualität zu erreichen.[37]

2.2 Prozessqualität

Prozessqualität ist die Qualität der Herstellungsprozesse. Sie betrifft die Entwicklungs-, die Produktionsplanungs-, das Management-, die Verwaltungs- und Beschaffungsprozesse. Diese Prozesse sollen immer von gleich guter Qualität sein, ohne Störungen ablaufen und den jeweils gestellten Kundenanforderungen entsprechen. Die Prozessqualität hat „Einfluss auf die Kostenposition des Unternehmens und treibt Gewinn und Geschäftserfolg".[38]

2.3 Systemqualität

Die Systemqualität legt den Grundstein für ein funktionierendes Qualitätsmanagement. Es bezieht sich entweder auf das Managementsystem oder auf das gesamte Unternehmen.

---

[36] Vgl. Prof. Dr.-Ing. Herrmann, J., Dr.-Ing. Gembyrs, S. (2008), S. 6.
[37] Vgl. Kneuper, R. (2011).
[38] Wörtliche Übernahme aus Prof. Dr.-Ing. Herrmann, J., Dr.-Ing. Gembyrs, S. (2008), Qualitätsmanagement. S. 6.

In diesem Zusammenhang spricht man von Unternehmensqualität. „Der ganzheitliche Ansatz sichert Kundenvertrauen und hilft, die Qualität der Prozesse, Produkte und Dienstleistungen im Sinne der übergeordneten Unternehmensziele optimal zu steuern".[39]

---

[39] Wörtliche Übernahme aus Prof. Dr.-Ing. Herrmann, J., Dr.-Ing. Gembyrs, S. (2008), Qualitätsmanagement. S. 6.

Literaturverzeichnis:

Bröckermann, R. (2014), Personalwirtschaft.

Eric Berne Institut Zürich GmbH. Verfügbar unter:

    https://www.ebi-zuerich.ch/cm_data/EBI-Transaktionen.pdf.

Grimm, R., Krainz, E. (2011), Teams sind berechenbar, Erfolgreiche

    Kommunikation durch Kenntnis der Beziehungsmuster, Gabler

    Verlag 2011.

Gührs, M., Nowak,C., Das konstruktive Gespräch. Der Leitfaden für Beratung,

    Unterricht und Mitarbeiterführung mit Konzepten der

    Transaktionsanalyse, 2014, Limmer Verlag.

Heidelberger, B., Vortrag, Seminar, Kurs, Workshop, Webinar, Kongress,

    Barcamp – worin bestehen die Unterschiede?. Verfügbar unter:

    https://www.zeitblueten.com/news/vortrag-seminar-kurs-workshop-

    webinar-kongress-barcamp/

Herrmann, J., Grembrys, S. (2008), Qualitätsmanagement. 2. Auflage.

    Haufe-Lexware Verlag.

Humle, S. (1998), Schwierige Mitarbeitergespräche erfolgreich führen.

Kasper, B. (2019) Die richtige Kommunikation im Team. Verfügbar unter:

    https://boriskasper.de/progress-professionals/blog/die-richtige-

    kommunikation-im-team-mitarbeiter-foerdern-und-

    halten#:~:text=Die%20Kommunikation%20im%20Team%20und,e

    s%20eine%20offene%20Fehlerkultur%20geben

Kneuper, R. (2011), Was ist eigentlich Prozessqualit?. Verfügbar unter:

    https://www.researchgate.net/publication/267705301_

    Was_ist_eigentlich _Prozessqualitat

Köppel, P. (2007), Konflikte und Synergien in multikulturellen Teams. Virtuelle

    face-to-face-Kooperation. Deutscher Universitäts-Verlag 2007.

Konradt, U., Hertel, G. (2002), Management virtueller Teams. Beltz Verlag

    2002.

Kühne, A. (2011), Interkulturelle Teams, Neue Strategien der globalen

    Zusammenarbeit. Gabler Verlag 2011.

Meise, S. (2017) Virtuelle Führungskräfte haben die besten Chancen digitaler

Leader zu sein. Verfügbar unter: https://smart-fuehren.de/warum-f
uehrungskraefte-die-virtuelle-teams-fuehren-noch-keine-digitalen-
leader-sind/

Müller, E. B. (2019), So gelingt die Führung virtueller Teams. Verfügbar unter:
https://www.business-wissen.de/artikel/mitarbeiterfuehrung-so-
gelingt-die-fuehrung-virtueller-teams/.

Müller, H., Konflikte am Arbeitsplatz. Verfügbar unter:
https://www.mplusco.de/konfliktloesung-am-arbeitsplatz-die-5-
schritte-zum-erfolg/.

(o. V.) (1), Verfügbar unter: https://de.wikipedia.org/wiki/Konflikt.

(o. V.) (2), Verfügbar unter: https://www.ibim.de/techniken/4-3.htm.

(o. V.) (3), Verfügbar unter: http://www.germanistik-kommprojekt.uni-
oldenburg.de/sites/1/1_09.htm.

Rassek, A. (2017), Transaktionsanalyse. Verfügbar unter:
https://karrierebibel.de/transaktionsanalyse/.

Reifbäck, A. (2011), Einführung eines Qualitätsmanagementsystems
Unter besonderer Berücksichtigung des Faktors Mensch.
Diplomarbeit. Verfügmar unter: https://monami.hs-
mittweida.de/frontdoor/deliver/index/docId/1351/file/Anton_Reifbae
ck_Diplomarbeit_2011.pdf.

Schulz von Thun, F., (2013) Miteinander reden, Das „innere Team" und
situationsgerechte Kommunikation.

Schwerz, G. (2019), Workshop-Moderation souverän meistern: So geht's.
Verfügbar unter: https://www.eventbrite.de/blog/workshop-
moderation/

Setzwein, M. (2016), Besser moderieren: Tipps für Nicht-Profis. Verfügbar
unter: https://blog.setzwein.com/2016/05/20/besser-moderieren-
tipps-fuer-nicht-profis/

Tipaola, S. (2016), Konfliktlösungsstrategien sind in virtuellen Teams nicht
Umsetzbar. Verfügbar unter: https://gruppe59.wordpress.com/
2016/04/22/konfliktloesungsstrategien- sind-in-virtuellen
-teams-nicht-umsetzbar/.

Ulrich, M. (2017), Virtuelle Teams, Bedeutung, Effekte und Planung eines

Workshop.

Warketin, N. (2020), Virtuelle Teams managen: So klappt es. Verfügbar unter: https://karrierebibel.de/virtuelle-teams-managen/.

Wernert, M. (2019), Qualitätsmanagement DIN ISO 9001 Umweltmanagement DIN ISO 14001. Verfügbar unter: http://www.wmt- engineering.de /?gclid=EAlaIQobChMIqNPP1NSQ6gIVzpIYCh1OLQMKEAAYAyA AEgIfA_D_BwE.

Zinnhobler, A. (2017), Stabsarbeit in virtuellen Teams. Verfügbar unter: https://www.bbk.bund.de/SharedDocs/Downloads/BBK/DE /FIS/DownloadsInformationsangebote/Hochschschulschriften /Zinnhobler.pdf?__blob=publicationFile.